AF563609

LES BOITES,

OU LA

CONSPIRATION DES MOUCHOIRS,

Divertissement-Vaudeville, en un acte;

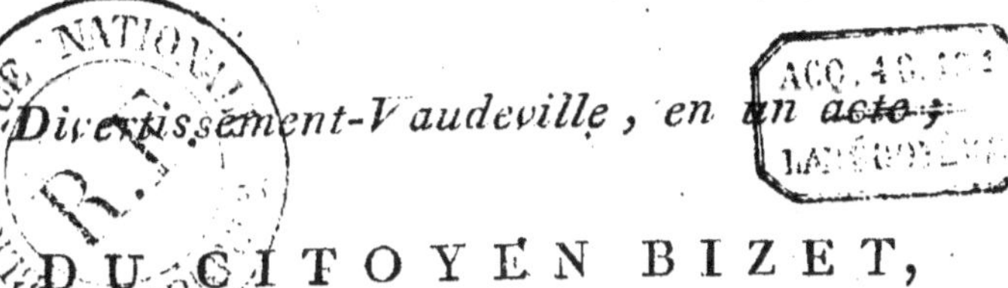

DU CITOYEN BIZET,

Représenté pour la première fois sur le théâtre de la Cité-Variétés, le 19 fructidor, an IV. de la république.

A PARIS,

Chez BARBA, libraire, au magasin des pièces de théâtre, rue André-des-Arts, n°. 27.

AN QUATRIÈME DE LA RÉPUBLIQUE.

ACTEURS.

DORCY, *Tautin.*
MILLEFORT, *le Roi.*
BLAISE, *Beaulieu.*
TORQUATUS, *Tiercelin.*
CATON, *Genest.*
SCÉVOLA, *Delaporte.*
ARISTIDE, *Guibert.*
SUBTIL, *Fréderick.*

La scène est dans une place publique.

LES BOITES,

OU LA

CONSPIRATION DES MOUCHOIRS,

Divertissement-Vaudeville, en un acte.

SCÈNE PREMIÈRE.

SUBTILE, *seul, brossant un bonnet rouge.*

Le v'la donc arrivé le moment heureux de la résurrection des jacobins, ce jour si vivement desiré; c'est ce soir que la conjuration éclate.

AIR : *En quatre mots.*

Je vais revoir tous ces messieurs en us,
Les citoyens Horatius,
Curtius,
Mutius;
Il n'ia qu'un'chose qui m'désespère,
C'est qu'not président m'préfère
C'vilain Torquatus,
Mais j'ai l'appui du citoyen Gracchus,
A ses yeux Torquatus
N'est qu'un Olibrius;
J'sais qu'il a des poings tant et plus,
Pour de l'esprit, *motus.*

Cette nuit sera le plus beau jour de notre règne, il y a assez long-tems qu'on nous persécute, et pourtant nous n'voulons que l'bien d'nos concitoyens. Oh! qui m'tarde de voir r'commencer nos séances. J'veux l'jour d'l'ouverture d'not'salle, débiter cette superbe motion que mon cousin Sangsue m'a rédigée par écrit, et que j'ai apprise sur le bout de mon doigt.

AIR : *Ah! que je sens d'impatience.*

Tout en haut des bancs je m'élève
Cela fixe l'attention;
Drès le moment que je me lève
Pour débiter ma motion,
Le plus profond silence,
Le plus profond silence,
Soudain se fait de l'un à l'autre bout
Pour écouter mon éloquence,
On prête l'oreille par-tout;
On demandera,
Qui donc parle-là;
C'est lui, le voilà,
Puis chacun dira;
C'est lui, le voilà,
Puis chacun dira;
Paix là, paix là, paix là.

Président, j'demande la parole, j'fais la motion qu'on arrête sur-le-champ tous ceux qui n'sront pas d'not' avis Quand ils seront une fois en prison, ils apprendront à d'venir libres. --- Arrêté à l'unanimité. --- En masse.... Et puis ensuite :

A force,
A force,
Chacun m'applaudira. (*bis.*)

SCÈNE II.

SUBTIL, CATON.

SUBTIL.

Ah! c'est toi, citoyen Caton, eh bien! qu'y a-t-il de nouveau ?

CATON.

Tout succède à nos vœux : cette nuit enfantera des miracles, nous chargeons les honnêtes gens d'un crime nouveau, nous armons contre eux les amis du gouvernement du jour, ces furoristes infâmes qui assassinèrent, les 10 et 11 thermidor, le génie de la liberté dans la personne de ses plus zélés défenseurs; nous affoiblissons un parti par l'autre et ensuite nous les écrasons tous les deux.

SUBTIL.

Oui, nous les écraserons tous les deux.

CATON.

Au milieu du tumulte, nous nous porterons aux prisons, et nous délivrerons nos patriotes énergiques qui gémissent dans les fers.

SCÈNE III.

SUBTIL, CATON, TORQUATUS, SCÉVOLA.

TORQUATUS.

AIR : *Orléans Boiginci.*

Triste jour,
Affreux jour.
Notre chef est parti pour.....
Vendôme, Vendôme.

CATON.

Que dis-tu ?

SUBTIL.

Pas possible.

SCÉVOLA.

Il n'est que trop vrai.

TORQUATUS.

Tandis que j'le r'mouchions à la porte Saint-Denis, il est sorti par la barrière des Gobelins.

CATON.

Mes amis, il n'en faut pas moins poursuivre notre entreprise ; quand elle aura réussi, nous aurons le tems d'envoyer des forces après lui, qui s'empareront de son escorte, qui le délivreront et qui le rameneront en triomphe, recevoir le prix dû à ses rares vertus, à son incorruptible patriotisme.

SCÉVOLA.

Ah ! sandis, ce jour-là, je manque toutes mes pratiques.

TORQUATUS.

J'veux morgué, quand i r'viendra, qu'j'allions tous aud'vant lui, que j'détellions les chevaux de sa voiture, et que j'le trainions en triomphe.

AIR : *J'ai perdu mon âne.*

T'nez-moi, j'suis crâne, (*bis.*)
J'm'atelle à près.

SUBTIL.

Eh ben s'sra,
L'premier carosse qu'on verra
Traîné par un âne. (*bis.*)

TORQUATUS.

Qu'appelles-tu traîné par un âne ? moineau sans plumes ; j'te f'rai voir à qui tu parles.

CATON.

Eh ! mes amis, ne vous occupez point de querelles particulières, quand la querelle générale est sur le point de se vuider. Vous devez vos bras à la patrie.

SUBTIL, *à part.*

Nos bras tant que l'on voudra, pourvu que nos mains nous restent.

SCÉVOLA.

Caton a raison, la patrie a besoin de vous, et elle met vos bras en réquisition.

TORQUATUS.

T'es ben heureux, j'dis, que s'té réquisition-là vienne, sans ça tu sentirois c'qui pèsent.

SUBTIL, *à part.*

Il le feroit comme il le dit.

TORQUATUS, *à Subtil.*

Mioche.

SCÉVOLA.

En vérité tu es têtu comme une mule.

TORQUATUS, *à Caton.*

Allons, explique-moi c'que j'ons à faire.

SUBTIL.

AIR : *Que j'aime mon cher Arlequin.*

Moi j'm'en vais te conter tout çà,
Ah ! que c'est drôle

Quand tu sauras
Tu verras
Quel'royaliste est à quia
En vérité c'est drôle. (*bis.*)
Ici bientôt il dansera
La danse la plus drôle.

Dabord tu sauras que....

CATON, *à Subtil.*

Que tu ne sais ce que tu dis. (*à Torquatus.*) Mon ami, depuis long-tems nous méditons notre projet dans l'ombre et le silence.

SUBTIL.

Certainement dans l'ombre, nous nous assemblons dans des caves.

CATON.

Mais tais-toi donc; déjà tu le sais, nos ennemis en ont empêché l'exécution, en arrêtant notre tribun et ses braves amis; mais les obstacles nous irritent, les revers nous élèvent, et de même que le nitre enflammé, plus nous sommes resserrés, plus notre explosion est terrible.

SCÉVOLA.

Oui, nous sommes des petits volcans.

CATON.

Cette nuit nous devons placer dans différens endroits de cette Commune des drapeaux blancs avec cette inscription : *Mort aux Républicains.* Les drapeaux seront couverts des emblêmes de la royauté, et ornés de cocardes blanches.

TORQUATUS.

J'commence à découvrir la manigance, j'crirons ben haut qu'c'est les royalistes, et que la contre-révolution est en train.

CATON.

C'est cela.

SUBTIL.

C'est cela.

SCÉVOLA.

C'est cela.

TORQUATUS, *d'un air satisfait.*

AIR : *de la Soirée orageuse.*

Les honnêtes gens à présent
Sont tous aussi froids que la glace,

LES BOITES.

Et nous avons trouvé plaisant
De faire un complot à leur place;
Les républicains endormis,
Que j'ai fait coucher sur mes listes,
Ce matin seront bien surpris
De se réveiller royalistes.

CATON.

Des boîtes seront tirées dans différens quartiers, elles serviront de point de réunion pour nous, et de signal pour le massacre de nos ennemis. Quel plaisir, nous allons revoir du sang, du sang! nos yeux seront récréés par le spectacle enchanteur de l'aristocratie expirante. Oh! nuit immortelle, la postérité te placera auprès des journées des 2 et 3 septembre.

SCÉVOLA.

Oh! que l'obscurité de cette nuit va me paroître brillante!

CATON.

Toi, Torquatus, tu seras chargé de tirer une boîte ici, pendant que moi et Scévola planterons le drapeau.

SUBTIL.

Redige ben ta boîte toujours, et n'vas pas te fracasser la mâchoire avec.

TORQUATUS.

Sois tranquille, j'nous y prendrons comme il faut.

SUBTIL.

J'frai du bruit, moi aussi, dans st'affaire-là.

AIR: *de la Croisée.*

V'là l'jour qui va bentôt être nuit,
Vous verrez, moi j'vous dis d'avance,
Que Subtil est, quoi qui ne fasse pas bruit,
Un César pour l intelligence.
Aux royalistes j'ferai ben voir
Que mes ruses, sont des ruses rusées;
Sur eux je veux tirer ce soir,
Ce paquet de fusées. (*bis.*)

I'm'a coûté trois sols en numéraire et je dis i'fra son effet.

CATON.

Mes amis, souvenez-vous que la patrie attend tout de vous,

méritez par votre dévouement, le titre glorieux de ses défenseurs.

SCÉVOLA.

Mais quel est l'homme que notre courageux Aristide nous amène.

SUBTIL.

C'est sans doute un collègue.

SCÈNE IV.

Les précédens, ARISTIDE ET BLAISE.

ARISTIDE.

Je suis charmé, mes amis, de vous rencontrer ensemble; je vous présente un nouveau prosélite qui veut attacher sa fortune à la vôtre.

BLAISE.

Oui, messieurs, j'veux m'faire jacobin, c'est s'y prendre un peu tard; mais comme dit l'proverbe, vaut mieux tard que jamais.

CATON.

Es-tu intelligent, mon ami?

BLAISE.

Mon maître me dit quelquefois qu'je n'suis qu'une bête, mais j'espère vous prouver avant peu, que je ne suis pas aussi bête que l'on pourroit le croire.

TORQUATUS.

Dis donc, ton maître est-il riche?

BLAISE.

Il l'étoit autrefois; mais d'puis qu'il a perdu son père, vous savez ben.

SCÉVOLA.

D'not tems?

BLAISE.

Oui, d'vot tems.

CATON.

C'est bon, c'est bon, tu le verras avant peu....

ARISTIDE.

Te sens-tu des dispositions suffisantes pour remplir les augustes fonctions qui te seront confiées.

BLAISE, *faisant le signe de prendre.*

Oui, citoyen, j'sais parfaitement.

SUBTIL.

C'est cela.

SCÉVOLA.

C'est le but de toutes nos actions.

SUBTIL, *allant prendre la main de Blaise.*

Mon camarade, permettez que je me prosterne devant vos dispositions.

BLAISE.

Mon camarade, si j'ai quelques talens, vous en avez aussi; et je crois que nous ne nous nuirons pas.

SUBTIL.

Citoyen collègue, j'en accepte l'augure.

SCENE V.

LES PRÉCÉDENS, *troupe de membres des comités révolutionnaires et de jacobins.*

CATON.

Voici nos braves défenseurs qui se rendent ici; Aristide, parle-leur, mon ami, enflamme leur courage. (*bas, à part.*) Quel enthousiasme les empêche de voir le péril dans lequel nous les précipitons.

SUBTIL.

V'la Aristide qui va m'emflammer.

ARISTIDE, *monté sur un banc.*

Amis! l'heure de la vengeance a sonné, la mort va planer sur cette ville, et dans peu d'instans vos ennemis expireront sous vos coups, dans peu d'instans la liberté triomphante vous nommera ses libérateurs; soyez implacables, mes amis, souvenez-vous des outrages sans nombre que vous ont faits les royalistes: souvenez-vous qu'ils vous ont, le 10 thermidor, arraché la puissance souveraine que vous avez entre les mains, que vos coups se dirigent sur-tout contre les auteurs de l'infame constitution de 95, qui, n'en doutez pas, est l'ouvrage du cabinet autrichien, et dont l'effet est de ramener lentement au despotisme le peuple qui n'est plus réveillé par des secousses révolutionnaires.

SCÉVOLA.

Cette phrase mérite de figurer dans nos journaux exclusifs.

ARISTIDE.

Jurez, oh! mes amis, de ne faire aucune grace à quiconque ne sera pas jacobin.

TOUS.

Nous le jurons.

ARISTIDE.

De n'avoir égard ni au sexe, ni à l'âge, et d'éteindre dans le sang de leurs enfans, les germes de l'aristocratie.

TOUS.

Nous le jurons.

ARISTIDE.

Jurez, sur-tout, de faire tous vos efforts pour ressaisir les rênes de l'empire, rétablir le code auguste de Robespierre, la constitution de 1793, et d'être toujours révolutionnaires.

TOUS.

Nous le jurons.

ARISTIDE, *descendant.*

La victoire est à nous, j'en atteste l'ardeur qui brille dans vos yeux.

SCÉVOLA.

Je m'sens du courage pour deux.

SUBTIL.

Ah mon dieu, il faut que c'diable de merlan m'ait pris le mien, car je ne m'en sens plus du tout.

(Subtil tire un mouchoir blanc de sa poche, et est prêt de se moucher.)

SCÉVOLA.

Prends-donc garde, tu vas salir notre drapeau.

SUBTIL.

Oh! sois tranquille, j'en avons d'autres.

AIR : *On compteroit les diamans.*

Hier au soir, à quelques chouans,
Aux boulevards fendant la presse,
Nous avons pris les mouchoirs blancs,

Avec une incroyable adresse;
Ce petit stratagême-là
Aura des effets admirables,
Et la marque nous servira
A faire trouver des coupables.

CATON.

Mes braves amis, entrez chez moi; là, nous vous donnerons les dernières instructions et tout ce qui vous est nécessaire pour votre entreprise. (*Il les ramène en grouppe.*) N'oubliez pas sur-tout le mot de ralliement, *oreilles de chien.*

ARISTIDE.

AIR: *Aussi-tôt que la lumière.*

Vrais enfans du terrorisme,
Oui la victoire est à vous;
L'exécrable royalisme
Va succomber sous vos coups,
La pitié seroit un crime,
Songez-bien, braves amis,
Que tout devient légitime
Pour perdre ses ennemis.

SCENE VI.

BLAISE, *seul.*

J'saurai ben l'empêcher votre projet, scélérats; mais qu'est-ce donc que c'est que s't'engeance-là? falloit que les Français eussent bien peu de chose à faire quand ils imaginèrent les jacobins.

AIR: *Des portraits à la mode.*

Jadis, dans la France, il n'étoit qu'un moyen,
D'être regardé comme un bon citoyen,
On donnoit ce titre à l'homme de bien,
C'étoit la vieille méthode.
Toujours dans le cœur un sinistre projet,
Par un nouveau crime, cacher un forfait,
Nager dans le sang..... voilà trait pour trait,
Tous les exclusifs à la mode.

Monsieur Dorcy a été instruit de leurs projets, et tandis qu'il est allé avertir plusieurs de ses amis, moi, j'ai voulu pénétrer leurs complots de plus près. J'suis venu m'offrir au président, et il m'a reçu comme un sot.... Puisse mon exemple prouver que s'ils ont trouvé quelques complices dans la classe indigente du peuple, c'est dans cette classe aussi qu'un gouvernement sage trouvera des bras pour le défendre et des cœurs pour l'aimer.

SCÈNE VII.

BLAISE, DORCY, MILLEFORT.

DORCY.

Eh bien, mon cher Blaise?

BLAISE.

Eh bien, monsieur, tout est connu, on vous l'a dit, drapeaux blancs, inscriptions, cocardes, rien n'y manque.

MILLEFORT.

Je vous félicite, mon ami, sur ce que votre active vigilance vous a fait découvrir.

DORCY.

Ce n'est pas à moi, mon cher Millefort, c'est à Blaise, c'est à ce brave homme que vous devez rendre des actions de graces...... Il a été jusqu'au milieu d'eux leur arracher le secret de leur complot.

MILLEFORT.

Je n'en suis pas étonné... ce n'est pas la première fois que Blaise a servi l'humanité, nous l'avons vu dans ces tems de terreur, où toutes les bouches étoient muettes, arracher par sa rustique éloquence des victimes à l'échafaud.

BLAISE.

Citoyen, j'ai fait mon devoir; mais il me reste encore à faire, je vais entrer là-dedans, mais......

AIR : *N'en demandez pas davantage.*

Que cette nuit pour eux déjà,
De l'avenir soit le présage,
Comme ces vilains messieurs-là
Sont un dangereux voisinage;

N'oubliez donc rien,
Traitez les si bien,
Qu'ils n'en veuillent pas davantage. (*bis.*)

(*Il entre dans la maison de Caton.*)

SCENE VIII.

DORCY, MILLEFORT.

MILLEFORT.

Moi, je vais disposer mes amis autour de ce lieu, par-tout où les scélérats se porteront, ils seront à l'instant cernés. Le gouvernement veille, son active vigilance lui a fait prendre toutes les mesures nécessaires pour déjouer ce complot infernal; mais il faut que les anarchistes frappent les premiers coups, c'est le moyen le plus sûr de connoître ces sélérats et leur chef. Vous m'avez choisi entre mille, pour partager avec vous le plaisir de les rosser; j'espère vous prouver que je ne suis indigne ni de votre estime ni de votre confiance. (*Il sort.*)

SCENE IX.

DORCY, seul.

Tout va pour le mieux..... Rosser un jacobin, c'est faire une œuvre pie.

AIR: *Vaudeville du Cousin de tout le monde.*

A son ame pure et fidelle
On connoît un vrai citoyen,
A son ame vile et cruelle
On reconnoît un jacobin;
Démasquons donc sans plus attendre
Les méprisables ennemis;
Oui, les poursuivre, c'est défendre
Son innocence et son pays.

(*Regardant dans la maison de Caton.*)

J'entends du bruit...... C'est ce malheureux Subtil...

Puisque j'ai du tems de reste, amusons-nous un peu à ses dépens. (*Il sort.*)

SCENE X.

SUBTIL, *seul, arrive en chantant.*

Ah ! ça ira, ça ira, ça ira;
D'not expédition le moment avance;
Ah ! ça ira, ça ira, ça ira,
De nous dans la France
L'on parlera.

Nous verrons quand j'aurai d'la gloire par-dessus la tête, si mamzelle Thérèse refusera encore de m'épouser. Demain avec mon habit des dimanches et une couronne de lauriers sur le front, j'vas chez elle et lui dis.... Citoyenne, j't'aime, je t'adore et tu ne sais ce que peut te valoir le bonheur de m'épouser.

AIR : *Des petits montagnards.*

Outre ma main et ma fortune,
Je donne à tes appas divins,
Une place dans la tribune
Du président des jacobins. (*bis.*)
Tu verras quand j'ai la parole,
Mon air, mon geste et mon regard,
En honneur je remplis mon rôle
Comme un illustre montagnard. (*bis.*)

Après ça, elle ne peut pas me refuser, et puis le contrat, et puis les accords, et puis la nôce.

AIR : *Colinette au bois s'en alla.*

Mon dieu, mon dieu, j'voudrois déjà
Qu'ça soit après d'main ce jour-là,
Tralà deri dera, tralà deri dera,
Et puis un gros bouquet sera
Planté dans c'te boutonnière là,
Tralà deri dera, tralà deri dera,
Au bal je f'rai d'jolis p'tits pas
Des rigaudons, des entrechats,
Comme Vestris lui-même;
Tralà deri dera, la, la, la, *etc.*

N'y a pas d'mal à ça
Moi j'les aime,
N'y a pas d'mal à ça.

SCENE XI.

SUBTIL ET DORCY.

DORCY, *feignant d'être ivre.*

Réveillons là, réveillons là,

SUBTIL, *effrayé.*

Ah ! mon dieu, mon dieu, c'est ce diable de Dorcy... Je m'souviens encor comme il m'a rossé à l'affaire du 4 prairial... Où me cacher...

(Il se met sur l'avant-scène, derrière la draperie.)

DORCY.

AIR : *On doit soixante mille francs.*

J'ai couru par-tout ce matin
Sans rencontrer un jacobin,
C'est ce qui me désole. (*bis.*)
Je conserve le doux espoir
D'en rosser au moins deux ce soir,
C'est ce qui me console, (*bis.*)

SUBTIL.

Hai ! hai ! hai !

DORCY.

AIR : *Accompagné de plusieurs autres.*

A mes frères du bataillon
Pour montrer un échantillon,
De ces terroristes apôtres,
Je remporte avec moi demain,
Un oreille de Jacobin,
Accompagnée de plusieurs autres.

SUBTIL.

Je suis perdu.

DORCY, *feignant de découvrir Subtil.*

Mais que vois-je là, c'est, je crois, ce coquin de Subtil.

SUBTIL, *tombant à genoux.*

Ne me faites pas de mal, citoyen Dorcy, j'vais m'en aller.

DORCY.

Je rends graces au ciel qui me donne les moyens d'accomplir une partie de mon vœu.

SUBTIL.

Ayez pitié de moi.

DORCY, *tirant son épée.*

Non, il faut que je te coupe les oreilles, ce sera toujours deux à compte sur celles que je veux remporter.

SUBTIL.

Citoyen, respectez les personnes et les propriétés.

DORCY.

Ecoute, composons, je pourrois te prendre tes deux oreilles de force, donne-m'en une de bonne volonté, je te tiendrai quitte de l'autre.

SUBTIL.

La belle figure que j'aurai avec une oreille.

DORCY.

Ah ! c'est trop barguigner.

(Il se recule comme pour le frapper; Subtil profite de cet intervalle, pour se sauver, en criant : au secours, au secours.)

SCENE XII.

DORCY *seul, riant.*

Ah ! ah ! ah ! il en a au moins pour huit jours à revenir de cette peur-là, (*il entend du bruit chez Caton.*) Voici les autres, allons leur en préparer une qui ne soit pas moindre.

(*Il sort.*)

SCENE XIII.

CATON, ARISTIDE, TORQUATUS, SCÉVOLA, TROUPE DE JACOBINS.

Ils sortent portant quatre drapeaux blancs, et les attributs relatifs ; trois drapeaux sortent de differens côtés avec les grouppes, les acteurs ci-dessus restent en scène, on joue l'air : *il nous falloit du sang.*

SCENE XIV.

LES PRÉCÉDENS, *excepté les grouppes sortis.*

CATON.

Dépêchons-nous de planter notre drapeau, et allons nous cacher en attendant l'issue du combat.

SCÉVOLA.

La motion est prudente, et je l'approuve.

ARISTIDE, *à Torquatus.*

Torquatus, es-tu prêt.

TORQUATUS.

Quand tu voudras.

ARISTIDE.

Allons, feu.

(Torquatus met le feu à la boite, elle éclate, ils prêtent l'oreille, on entend différens coups dans le lointain.)

CATON.

Bon, ça va.

ARISTIDE.

Vîte le drapeau.

Scévola apporte une échelle, et Caton plante le drapeau.

SCÉVOLA.

Ah ! sandis, les royalistes en tiennent.

TORQUATUS.

Oui morgué, ils en tiennent.

SCENE XV.

LES PRÉCÉDENS, SUBTIL.

SUBTIL *accourt tout effrayé, un œil poché, les cheveux tout en désordre.*

Ah! mes amis, sauvez-vous, tout est perdu.

TOUS.

Que dis-tu ?

SUBTIL.

Une foule de diables déchaînés, sont à nos trousses, ils ont battu les grouppes où j'étois. Voyez comme ils m'ont arrangé.

ARISTIDE.

Encore, comment?

SUBTIL.

A peine avions-nous planté notre drapeau, que nous avons été entourés par une foule de citoyens qui crioient tout haut :

AIR : *De quel ressouvenir affreux.*

« A bas, à bas les jacobins,
» A bas ces vils antropophages ».
Ces messieurs avoient des gourdins,
Qui firent peur à nos courages;
Puis à nos trousses les voilà,
Les yeux ardens, et la main leste,
Battant par-ci, rossant par-là,
Soufflets, bâtons, et cétéra.
Daignez m'épargner le reste. (*bis.*)

CATON, *effrayé.*

Mes amis, il a raison, nous n'avons rien de mieux à faire que de nous sauver.

TOUS.

Oui.... oui....

(Comme ils vont pour se sauver, de toutes les coulisses, débouchent des citoyens armés de bâtons, conduits par Dorcy, Millefort et Blaise, ils forment un cercle autour des jacobins.)

SCÈNE XVI.

LES PRÉCÉDENS, DORCY, MILLEFORT, BLAISE; *troupe de citoyens armés de bâtons.*

DORCY.

Nous vous tenons.

LES JACOBINS.

Grace, grace.

DORCY.

Non, scélérats, point de grace, il faut confesser vos crimes et faire amende honorable...... Parlez.

LES JACOBINS.

Comment!.... que dire ?

DORCY.

Parlez, morbleu, ou vous expirez sous le bâton.

LES JACOBINS.

Ah! mon dieu, mon dieu.

DORCY.

AIR : *Je suis heureux en tout, mademoiselle.*

Quand sur nos jours un jacobin, un traître,
Croit régner en maître,
Qui le fait connoitre!
C'est sa cruauté.
Est-il vaincu, la remarque est certaine,
Sa race inhumaine,
Se reconnoit sans peine,
A sa lâcheté.

Il faut tout dire aujourd'hui....

LES JACOBINS.

Oui,

DORCY.

Vous preniez le bien d'autrui.

LES JACOBINS.

Oui.

DORCY.

L'assassin fut votre ami.

LES JACOBINS.

Oui.

DORCY.

Vous lui servîtes d'appui.

LES JACOBINS.

Oui.

DORCY.

Et vous faisiez comme lui.

LES JACOBINS.

Oui.

DORCY.

Et vous faisiez comme lui.......

DORCY, MILLEFORT, BLAISE, *ensemble.*

Quand sur nos jours, etc.

(*Pendant le dernier couplet, la force armée est entrée et a passé devant les citoyens, de manière que les jacobins qui ont tous la figure du côté du public, ne peuvent la voir à la fin du couplet*).

LES JACOBINS, *appercevant la froce armée.*

Ah! mon dieu, nous sommes perdus.

SCÉVOLA.

Citoyen, vous qui êtes si bon, ne nous livrez pas. Daignez garder le silence, et....

DORCY.

Garder le silence?.... Jettez les yeux sur le passé....

AIR: *Jeunes amans, cueillez des fleurs.*

Tremblant à la voix des bourreaux,
Le Français garda le silence,

Et sur des milliers d'échafauds
Coula le sang de l'innocence;
Se taire sur un tel projet,
Seroit un crime impardonnable,
On est complice du forfait
Quand on veut sauver le coupable.

(*A la force armée.*)

Citoyens, faites votre devoir.

La garde les saisit et les emmène à l'instant où ils sont prêts à sortir; Subtil appelle Dorcy.

SUBTIL.

Citoyen Dorcy, citoyen Dorcy.

DORCY.

Que me voulez-vous?

SUBTIL.

J'ai quelque chose à vous dire de bien intéressant.

La garde qui tient Subtil, le ramène sur le devant de la scène.

DORCY.

Qu'avez-vous à me dire?

SUBTIL.

Si vous voulez me faire lacher, je vais vous dévoiler un complot bien plus important que celui-ci.

DORCY.

La loi seule peut maintenant prononcer sur votre sort.... Je ne puis rien pour vous..... Quant à votre secret........

SUBTIL.

Je m'en vais toujours vous le dire et ensuite vous ferez ce que vous pourrez pour moi; la nuit du..... au de ce mois, nous devons nous porter au camp de Grenelle bien armés, y surprendre les soldats endormis, et là.......

AIR : *Sous le nom de l'amitié.*

Sous le nom de l'amitié,
Les jacobins en masse... (*bis.*)
Sous le nom de l'amitié,
Doivent avec audace
Egorger sans pitié,
Sous le nom,
Sous le nom,
Sous le nom de l'amitié.

Ensuite nous nous porterons sur le directoire, et quand nous serons les maîtres, soyez sûr que je vous protégerai.....

DORCY.

Vous croyez que ce projet insensé réussira?

SUBTIL.

Certainement, nous avons des intelligences dans le camp, et.........

DORCY.

Malheureux, que dis-tu?

AIR : *Ce fut par la faute du sort.*

Non, ils ne changeront jamais,
Je reconnois bien leur langage,
Mettre Français contre Français,
De ces messieurs voilà l'usage.
Malgré les projets des pervers,
Malgré la noire calomnie,
Nos cœurs seront toujours ouverts
Aux défenseurs de la patrie. (*bis.*)

SUBTIL.

Souvenez-vous toujours que c'est moi qui vous ai averti.

(*Son garde l'emmène.*)

DORCY.

C'est bon, c'est bon.

SCENE XVII *et dernière.*

LES MÊMES, *excepté les jacobins.*

MILLEFORT.

Le génie qui veille sur la France, ne permettra pas que cette conspiration réussisse, elle servira seulement à prouver que l'être du monde le plus lâche et le plus cruel, c'est un jacobin.

VAUDEVILLE.

AIR : *Le bonheur en famille.*

MILLEFORT.

Sous des magistrats de son choix,
Le français lassé par l'orage,
Vit tranquille en suivant les loix
D'un gouvernement juste et sage;
Et si de tout notre pouvoir
Sa sagesse est environnée,
Croyez-moi, des méchans l'espoir
S'en ira toujours en fumée.

BLAISE.

Lorsqu'au nom de la liberté,
On incarcéroit l'innocence;
En vertu de l'égalité,
Quand des brigands régnoient en France;
Si l'on a souffert si long-tems
Que la vertu fût opprimée;
C'est que beaucoup de braves gens
N'y voyoient que de la fumée.

DORCY.

Tyran justement détesté!
Du jacobin la vile engeance,
En nous parlant de liberté,
Creusoit le tombeau de la France
Et qui pourroit encor revoir
Par eux la patrie opprimée?
Soyons français et leur espoir
S'en ira toujours en fumée.

BLAISE, au public.

L'auteur attend ce qu'on dira
Et l'attente est toujours cruelle,
Dans cet ouvrage, il vous montra
Bien moins son talent que son zèle.
L'intention qu'il a fait voir,
Rassure son ame allarmée;
Ah! puisse ce rayon d'espoir
Ne pas s'en aller en fumée!

FIN.

www.ingramcontent.com/pod-product-compliance
Lightning Source LLC
LaVergne TN
LVHW010255230826
846091LV00007B/2982

* 9 7 8 2 3 2 9 4 0 7 0 7 4 *